Schönfelder
Deutsche Gesetze
Gebundene Ausgabe
I/2021

Schönfelder-Schnellübersicht

Stand: Oktober 2020

(E = Ergänzungsband)

Makler- u. BauträgerV	**32 a (E)**
MarkenG	**72**
MarkenV	**72 a (E)**
MediationsG	**106**
MindestlohnG	**80 c (E)**
Mitbestimmung	**82 a ff. (E)**
Mitteilungen Strafsachen	**90 c (E)**
Mitteilungen Zivilsachen	**101 a (E)**
MutterschutzG	**79 (E)**
NachweisG	**78 a (E)**
Notarordnung	**98 a (E)**
OpferentschädigungsG	**93 a (E)**
OrdnungswidrigkeitenG	**94**
PachtkreditG	**42 (E)**
PartnerschaftsgesellschaftsG	**50 b**
PatentG	**70 (E)**
PatentkostenG	**70 b (E)**
PatentV	**70 a (E)**
Vertretergebühren-ErstattungsG	**70 c (E)**
PersonenstandsG	**113 (E)**
PflichtversicherungsG (Auszug) mit VO	**63, 63 a**
PreisangabenV	**73 a (E)**
PreisklauselG	**73 b (E)**
ProdukthaftungsG	**27**
ProstitutionsG	**29 a (E)**
PublizitätsG	**52 b**
RechtsanwaltsO	**98 (E)**
RechtsanwaltsvergütungsG	**117**
Rechtsanwaltsverzeichnis- und -postfachV	**98/3 (E)**
RechtsdienstleistungsG mit EG	**99, 99 a (E)**
RechtspflegerG	**96**
RechtsprechungseinheitsG	**95 b (E)**
REITG	**57 (E)**
RichterG	**97 (E)**
RiStBV	**90 e (E)**
Rom I–III, VOen (EG)	**21 a–21 c**
ScheckG	**56 (E)**
SchlichtungsG der Länder	**104–104 h (E)**
Schuldnerverzeichnis	**102, 102 a**
Schwarzarbeits-bekämpfungsG	**94 b (E)**
SGB VIII	**46 (E)**
SpruchG	**51 b (E)**
Strafgesetzbuch mit EG	**85, 85 a**
StrafprozeßO mit EG	**90, 90 a**
Strafverfolgungsmaß-nahmen, EntschG	**93 (E)**
StrafvollstreckungsO	**90 d (E)**

Schönfelder-Schnellübersicht

Stand: Oktober 2020

(E = Ergänzungsband)

StrafvollzugsG	**91 (E)**
Straßenverkehr: StVG	**35**
StVO	**35 a**
StVZO (Auszug)	**35 b (E)**
Autobahn-RichtgeschwV	**35 c (E)**
PflVG	**63**
TarifvertragG	**81 (E)**
Teilzeit/BefristungsG	**78 b (E)**
UmwandlG	**52 a**
UmwelthaftungsG	**28**
UN-Kaufrecht	**50 c (E)**
Unl. Wettbewerb, G	**73**
Unterhaltsrichtlinien	**47–47 t (E)**
Unterhaltssachen, VO (EG)	**21 d (E)**
UnterhaltsvorschussG	**45 d (E)**
UnterlassungsklagenG	**105**
UnternehmensregisterV	**50 e (E)**
Untersuchungshaftvoll-zugsO	**91 a (E)**
UrheberrechtsG	**65**
Photographie	**67**
Muster und Modelle	**69 (E)**
VerbraucherSBG	**107 (E)**
VerlagsG	**66 (E)**
VermögensverzeichnisV	**102 b**
VerschollenheitsG	**45 (E)**
Versicherungsbedingungen	**62 c ff. (E)**
VersicherungsvertragsG mit EG	**62, 62 a**
VersorgAusglG	**48**
VerwertungsgesellschaftenG	**65 a (E)**
VOB/B	**32 c (E)**
Vollstreckung, VO (EU)	**103 (E)**
AusführungsG	**103 a (E)**
Vollstreckungstitel, europ.	**103 f (E)**
VormündervergütungsG	**49 b (E)**
WärmelieferV	**30 e (E)**
WechselG	**54 (E)**
WertpapierhandelsG	**58 (E)**
Wettbewerbsbeschrän-kungsG	**74**
WirtschaftsstrafG	**88**
WohnflächenV	**30 d (E)**
Wohn- und Betreuungs-vertragsG	**30 a (E)**
WohnungseigentumsG	**37**
WohnungsvermittlungsG	**31 (E)**
ZentralregisterG	**92**
ZeugenschutzG	**90 b (E)**
ZivilprozessO mit EG	**100, 101**
Zustellung, VO (EG)	**103 c (E)**
ZwangsversteigerungsG	**108**

Schönfelder
Deutsche Gesetze

Gebundene Ausgabe
I/2021

Begründet von

Dr. Heinrich Schönfelder

Stand: 1. Januar 2021

C.H.BECK

Redaktioneller Hinweis:
Paragraphenüberschriften in eckigen Klammern sind nichtamtlich.
Sie sind ebenso wie die Fußnoten urheber- und wettbewerbsrechtlich geschützt.

www.beck.de

ISBN 978 3 406 76568 1

Wilhelmstraße 9, 80801 München
Druck und Bindung: Druckerei C. H. Beck Nördlingen
(Adresse wie Verlag)
Umschlaggestaltung: Agentur 42 | Konzept&Design

CO_2
neutral
chbeck.de/nachhaltig

Gedruckt auf säurefreiem, alterungsbeständigem Papier
(hergestellt aus chlorfrei gebleichtem Zellstoff)

Geleitwort zur Ergänzungslieferung

Die 182. Ergänzungslieferung bringt Ihre Textsammlung auf den Stand der Gesetzgebung vom 1. Januar 2021.

Bestandteil sind zunächst die umfangreichen Änderungen im BGB (Nr. **20**), in der ZPO (Nr. **100**), im GKG (Nr. **115**), im JVEG (Nr. **116**), im RVG (Nr. **117**), im FamGKG (Nr. **118**), im GNotKG (Nr. **119**), im JVKostG (Nr. **120**) und im GVKostG (Nr. **123**) durch das Gesetz zur Änderung des Justizkosten- und des Rechtsanwaltsvergütungsrechts und zur Änderung des Gesetzes zur Abmilderung der Folgen der COVID-19-Pandemie im Zivil-, Insolvenz- und Strafverfahrensrecht (**Kostenrechtsänderungsgesetz 2021 – KostRÄG 2021**) vom 21.12.2020 (BGBl. I S. 3229).

Das Gesetz zur Änderung des Gesetzes zur Regelung von Ingenieur- und Architektenleistungen und anderer Gesetze vom 12.11.2020 (BGBl. I S. 2392) änderte das BGB (Nr. **20**) und das GWB (Nr. **74**).

Das Gesetz zur Fortentwicklung des Sanierungs- und Insolvenzrechts (**Sanierungs- und Insolvenzrechtsfortentwicklungsgesetz – SanInsFoG**) vom 22.12.2020 (BGBl. I S. 3256) brachte Änderungen im BGB (Nr. **20**), im HGB (Nr. **50**), im AktG (Nr. **51**), im GmbHG (Nr. **52**), im GenG (Nr. **53**), im GVG (Nr. **95**), in der ZPO (Nr. **100**), im ZVG (Nr. **108**), in der InsO (Nr. **110**) mit EG (Nr. **110a**), im COVInsAG (Nr. **110d**), im GKG (Nr. **115**) und im RVG (Nr. **117**).

Das Gesetz zur weiteren Verkürzung des Restschuldbefreiungsverfahrens und zur Anpassung pandemiebedingter Vorschriften im Gesellschafts-, Genossenschafts-, Vereins- und Stiftungsrecht sowie im Miet- und Pachtrecht vom 22.12.2020 (BGBl. I S. 3328) änderte das EGBGB (Nr. **21**), das COVMG (Nr. **52d**), die EGZPO (Nr. **101**), die InsO (Nr. **100**) mit EG (Nr. **110a**) und das GKG (Nr. **115**).

Die Verordnung zur Änderung der Straßenverkehrs-Ordnung und der Vierundfünfzigsten Verordnung zur Änderung straßenverkehrsrechtlicher Vorschriften vom 18.12.2020 (BGBl. I S. 3047) änderte die StVO (Nr. **35a**).

Das Gesetz zur Verbesserung des Verbraucherschutzes im Inkassorecht und zur Änderung weiterer Vorschriften vom 22.12.2020 (BGBl. I S. 3320) änderte die ZPO (Nr. **100**) und das RVG (Nr. **117**).

Das Gesetz zur Stärkung des fairen Wettbewerbs vom 26.11.2020 (BGBl. I S. 2568) änderte das UrhG (Nr. **65**), das UWG (Nr. **73**), das GWB (Nr. **74**), das UKlaG (Nr. **105**) und das GKG (Nr. **115**).

Schönfelder aktuell 182. EL

Das Sechzigste Gesetz zur Änderung des Strafgesetzbuches – Modernisierung des Schriftenbegriffs und anderer Begriffe sowie Erweiterung der Strafbarkeit nach den §§ 86, 86a, 111 und 130 des Strafgesetzbuches bei Handlungen im Ausland vom 30.11.2020 (BGBl. I S. 2600) änderte das StGB (Nr. **85**), die StPO (Nr. **90**) und das OWiG (Nr. **94**).

Die Änderungen durch das Pfändungsschutzkonto-Fortentwicklungsgesetz – PKoFoG vom 22.11.2020 (BGBl. I S. 2466) in der ZPO (Nr. **100**) u. a. treten erst zum 1.12.2021 in Kraft und finden in einer der folgenden Lieferungen Berücksichtigung.

Weitere Änderungen betrafen das StVG (Nr. **35**), das UWG (Nr. **73**), das StGB (Nr. **85**) mit EG (Nr. **85a**), die StPO (Nr. **90**), das BZRG (Nr. **92**) und das GKG (Nr. **115**).

Vorschau

Gesetz zur Reform des Vormundschafts- und Betreuungsrechts

(Inkrafttreten: vorgesehen zum 1. Januar 2023)

Der Gesetzentwurf der Bundesregierung (BR-Drs. 564/20) reformiert umfangreich das Vormundschaftsrecht, das in weiten Teilen aus der Entstehungszeit des Bürgerlichen Gesetzbuchs aus dem Jahr 1896 stammt. Dieses enthält detaillierte Regelungen zur Vermögenssorge des Vormunds, die allerdings weithin die Verhältnisse um das Jahr 1900 abbilden, und nur wenige Regelungen zur Personensorge. Durch zahlreiche Änderungen ist das Vormundschaftsrecht unübersichtlich geworden und bildet die aktuelle Praxis nicht mehr zutreffend ab. Ebenso bedarf das Betreuungsrecht einer umfassenden Modernisierung. Der Gesetzentwurf sieht eine umfängliche Neustrukturierung von Vormundschafts- und das Betreuungsrecht vor.

Hierzu sollen zunächst die Vorschriften des geltenden Vormundschaftsrechts zur Vermögenssorge, zu Fürsorge und Aufsicht des Gerichts sowie zum Aufwendungsersatz und zur Vergütung ins Betreuungsrecht eingeordnet und an dieses angepasst werden. Im Vormundschaftsrecht soll der Mündel mit seinen Rechten als Subjekt im Zentrum stehen. Die Erziehungsverantwortung des Vormunds, das Verhältnis von Vormund und der Pflegeperson, die in der Regel den Mündel im Alltag erzieht, werden ausdrücklich geregelt. Die Rechte der Pflegeperson werden gestärkt. Die Reform der materiell- und verfahrensrechtlichen Vorschriften des Betreuungsrechts ist insgesamt auf das zentrale Ziel ausgerichtet, eine konsequent an der Verwirklichung des Selbstbestimmungsrechts der Betroffenen orientierte Anwendungspraxis zu gestalten, die den Betroffenen im Wege der Unterstützung zur Ausübung seiner rechtlichen Handlungsfähigkeit befähigt.

Die zentralen Normen des materiellen Betreuungsrechts zu den Voraussetzungen der Bestellung eines rechtlichen Betreuers, zu den Aufgaben und Pflichten des Betreuers im Verhältnis zum Betreuten und zu dessen Befugnissen im Außenverhältnis sollen grundlegend überarbeitet werden. Hierbei soll insbesondere klarer geregelt sein, dass die rechtliche Betreuung in erster Linie eine Unterstützung des Betreuten bei der Besorgung seiner Angelegenheiten durch eigenes selbstbestimmtes Handeln gewährleistet und der Betreuer das Mittel der Stellvertretung nur einsetzen darf, soweit es erforderlich ist. Der Vorrang der Wünsche des Betreuten soll als zentraler Maßstab des Betreuungsrechts normiert werden, der gleichermaßen für das Betreuerhandeln, die Eignung des Betreuers und die Wahrnehmung der gerichtlichen Aufsicht, insbesondere auch bei der Vermögenssorge

und im Rahmen von Genehmigungsverfahren, gilt. Die betroffene Person soll zudem in sämtlichen Stadien des Betreuungsverfahrens besser informiert und stärker eingebunden werden, insbesondere in die gerichtliche Entscheidung über das Ob und das Wie der Betreuerbestellung, in die Auswahl des konkreten Betreuers, aber auch in dessen Kontrolle durch das Betreuungsgericht. Pflichtwidrigkeiten des Betreuers, insbesondere solche, die die Selbstbestimmung des Betreuten beeinträchtigen, sollen besser erkannt und sanktioniert werden können.

Vorwort

Die von Heinrich Schönfelder 1931 begründete Textsammlung ist in den ersten drei Auflagen als gebundene Ausgabe erschienen. Seit 1935 wurde sie dann aber ausschließlich als Loseblattsammlung vertrieben. Mit dieser gebundenen Ausgabe knüpft der Verlag an die ursprüngliche Form des „Schönfelder" an. Dabei entspricht diese Ausgabe in Inhalt und Systematik der weiterhin lieferbaren Loseblattausgabe.

Die Schnellübersicht, die auf dem Vorsatz (Buchdeckelinnenseite vorne) abgedruckt ist, ermöglicht ein erstes rasches Auffinden der einzelnen Gesetze der Textsammlung. Detaillierte Inhaltsverzeichnisse, geordnet nach Systematik und nach Alphabet dienen dem genaueren Überblick über die enthaltenen Gesetze. Zur leichteren Unterrichtung über Aufbau und Gliederung der einzelnen Gesetze wurde ihnen eine Inhaltsübersicht vorangestellt. Soweit der Gesetzgeber Paragraphen nicht mit Überschriften versehen hat, sind diese vom Verlag in eckigen Klammern eingefügt worden. Die nichtamtliche Satznummerierung soll dem Benutzer der Sammlung das Auffinden von Gesetzesstellen erleichtern. Änderungstabellen vor den einzelnen Gesetzen ermöglichen einen raschen Überblick über die Änderungen des Gesetzeswortlauts im Einzelnen. Bei den geänderten Paragraphen wird außerdem in einer Anmerkung auf die ändernde Vorschrift hingewiesen. In den Gesetzestexten sind nur Änderungen berücksichtigt, die der Gesetzgeber ausdrücklich vorgenommen hat. Sonstige (mittelbare) Änderungen werden durch Kursivdruck kenntlich gemacht. Darüber hinaus dienen Anmerkungen mit Verweisungen auf andere zu beachtende Vorschriften des Bundes- oder Landesrechts und ein ausführliches Sachregister dem schnellen Zugriff auf die benötigten Rechtsnormen.

Viele Anregungen zur Ausgestaltung des „Schönfelder" sowie Verbesserungsvorschläge und Hinweise auf unvermeidliche Druckfehler verdankt der Verlag der ständigen Mitarbeit der Bezieher. Er bittet darum, ihm auch weiterhin Vorschläge und Wünsche mitzuteilen. Der Verlag wird stets bemüht sein, ihnen nach Möglichkeit zu entsprechen.

München, im Januar 2021

Verlag C. H. Beck oHG
Wilhelmstraße 5–9, 80801 München

Inhaltsübersicht

Nrn.

Inhaltsverzeichnis I (Systematisch geordnet)
Inhaltsverzeichnis II (Systematisch geordnet einschließlich des Ergänzungsbandes)
Inhaltsverzeichnis III (Alphabetisch geordnet)

Bürgerliches Recht mit Nebenbestimmungen 20–48
Handels- und Gesellschaftsrecht 50–53
Versicherungsrecht .... 62–63 a
Gewerblicher Rechtsschutz und Urheberrecht 65–74
Arbeitsrecht 83, 84
Straf- und Strafverfahrensrecht, Ordnungswidrigkeitenrecht 85–94
Gerichtsverfassung .... 95, 95 a
Recht der juristischen Berufe 96
Zivilverfahrensrecht 100–114
Kostenrecht 115–123

Anhang Gebührentabelle
Anhang Registerzeichen
Sachverzeichnis

Inhaltsverzeichnis I

(Systematisch geordnet)[1]

Bürgerliches Recht mit Nebenbestimmungen

20. **Bürgerliches Gesetzbuch (BGB)** idF der Bek. vom 2. Januar 2002

21. **Einführungsgesetz zum Bürgerlichen Gesetzbuche** idF der Bek. vom 21. September 1994

21 a. **Verordnung (EG) Nr. 593/2008 des Europäischen Parlaments und des Rates vom 17. Juni 2008 über das auf vertragliche Schuldverhältnisse anzuwendende Recht (Rom I)**

21 b. **Verordnung (EG) Nr. 864/2007 des Europäischen Parlaments und des Rates vom 11. Juli 2007 über das auf außervertragliche Schuldverhältnisse anzuwendende Recht („Rom II")**

21 c. **Verordnung (EU) Nr. 1259/2010 des Rates vom 20. Dezember 2010 zur Durchführung einer Verstärkten Zusammenarbeit im Bereich des auf die Ehescheidung und Trennung ohne Auflösung des Ehebandes anzuwendenden Rechts („Rom III")**

23. **Beurkundungsgesetz** vom 28. August 1969

27. Gesetz über die Haftung für fehlerhafte Produkte **(Produkthaftungsgesetz – ProdHaftG)** vom 15. Dezember 1989

28. **Umwelthaftungsgesetz (UmweltHG)** vom 10. Dezember 1990

33. **Haftpflichtgesetz** idF der Bek. vom 4. Januar 1978

34. **Allgemeines Gleichbehandlungsgesetz (AGG)** vom 14. August 2006

35. **Straßenverkehrsgesetz (StVG)** idF der Bek. vom 5. März 2003

35a. **Straßenverkehrs-Ordnung (StVO)** vom 6. März 2013

37. Gesetz über das Wohnungseigentum und das Dauerwohnrecht **(Wohnungseigentumsgesetz)** vom 15. März 1951

41. Gesetz über das Erbbaurecht **(Erbbaurechtsgesetz – ErbbauRG)** vom 15. Januar 1919

48. Gesetz über den Versorgungsausgleich **(Versorgungsausgleichsgesetz – VersAusglG)** vom 3. April 2009

Handels- und Gesellschaftsrecht

50. **Handelsgesetzbuch** (ohne Seehandel) vom 10. Mai 1897

50 a. **Einführungsgesetz zum Handelsgesetzbuch** vom 10. Mai 1897

---

[1] Ein systematisches Inhaltsverzeichnis einschließlich der Gesetze des Schönfelder Ergänzungsbandes siehe unter Inhalt II, ein alphabetisch geordnetes Inhaltsverzeichnis siehe unter Inhalt III.

50 b. **Partnerschaftsgesellschaftsgesetz,** Gesetz über Partnerschaftsgesellschaften Angehöriger Freier Berufe vom 25. Juli 1994

51. **Aktiengesetz** vom 6. September 1965

51 a. **Einführungsgesetz zum Aktiengesetz** vom 6. September 1965

52. **Gesetz betreffend die Gesellschaften mit beschränkter Haftung (GmbHG)** vom 20. April 1892

52/1. Einführungsgesetz zum Gesetz betreffend die Gesellschaften mit beschränkter Haftung **(GmbHG-Einführungsgesetz – EGGmbHG)** vom 23. Oktober 2008

52 a. **Umwandlungsgesetz** vom 28. Oktober 1994

52 b. **Publizitätsgesetz,** Gesetz über die Rechnungslegung von bestimmten Unternehmen und Konzernen vom 15. August 1969

52 d. **Gesetz über Maßnahmen im Gesellschafts-, Genossenschafts-, Vereins-, Stiftungs- und Wohnungseigentumsrecht zur Bekämpfung der Auswirkungen der COVID-19-Pandemie** vom 27. März 2020

53. Gesetz betreffend die Erwerbs- und Wirtschaftsgenossenschaften **(Genossenschaftsgesetz – GenG)** idF des Bek. vom 16. Oktober 2006

Versicherungsrecht

62. Gesetz über den Versicherungsvertrag **(Versicherungsvertragsgesetz – VVG)** vom 23. November 2007

62 a. **Einführungsgesetz zum Versicherungsvertragsgesetz** vom 30. Mai 1908

63. Gesetz über die Pflichtversicherung für Kraftfahrzeughalter **(Pflichtversicherungsgesetz)** vom 5. April 1965 (Auszug)

63 a. VO über den Versicherungsschutz in der Kraftfahrzeug-Haftpflichtversicherung **(Kraftfahrzeug-PflichtversicherungsVO – KfzPflVV)** vom 29. Juli 1994

Gewerblicher Rechtsschutz und Urheberrecht

65. Gesetz über Urheberrecht und verwandte Schutzrechte **(Urheberrechtsgesetz)** vom 9. September 1965

67. Gesetz **betreffend das Urheberrecht an Werken der bildenden Künste und der Photographie** vom 9. Januar 1907

72. Gesetz über den Schutz von Marken und sonstigen Kennzeichen **(Markengesetz – MarkenG)** vom 25. Oktober 1994

73. **Gesetz gegen den unlauteren Wettbewerb (UWG)** idF der Bek. vom 3. März 2010

74. **Gesetz gegen Wettbewerbsbeschränkungen (GWB)** idF der Bek. vom 26. Juni 2013

Arbeitsrecht

83. **Arbeitsgerichtsgesetz** idF der Bek. vom 2. Juli 1979

84. **Kündigungsschutzgesetz (KSchG)** idF der Bek. vom 25. August 1969

Straf- und Strafverfahrensrecht, Ordnungswidrigkeitenrecht

85. **Strafgesetzbuch** (StGB) idF der Bek. vom 13. November 1998
85 a. **Einführungsgesetz zum Strafgesetzbuch (EGStGB)** vom 2. März 1974 (Auszug)
88. Gesetz zur weiteren Vereinfachung des Wirtschaftsstrafrechts **(Wirtschaftsstrafgesetz 1954)** idF der Bek. vom 3. Juni 1975
89. **Jugendgerichtsgesetz (JGG)** idF der Bek. vom 11. Dezember 1974
90. **Strafprozeßordnung (StPO)** idF der Bek. vom 7. April 1987
90 a. **Einführungsgesetz zur Strafprozeßordnung** vom 1. Februar 1877
92. Gesetz über das Zentralregister und das Erziehungsregister **(Bundeszentralregistergesetz – BZRG)** idF der Bek. vom 21. September 1984
94. **Gesetz über Ordnungswidrigkeiten (OWiG)** idF der Bek. vom 19. Februar 1987

Gerichtsverfassung

95. **Gerichtsverfassungsgesetz (GVG)** idF der Bek. vom 9. Mai 1975
95 a. **Einführungsgesetz zum Gerichtsverfassungsgesetz** vom 27. Januar 1877

Recht der juristischen Berufe

96. **Rechtspflegergesetz (RPflG)** idF der Bek. v. 14. April 2013

Zivilverfahrensrecht

100. **Zivilprozessordnung** idF der Bek. vom 5. Dezember 2005
101. ***Gesetz*, betreffend die Einführung der Zivilprozeßordnung** vom 30. Januar 1877
102. Verordnung über die Führung des Schuldnerverzeichnisses **(Schuldnerverzeichnisführungsverordnung – SchuFV)** vom 26. Juli 2012
102 a. Verordnung über den Bezug von Abdrucken aus dem Schuldnerverzeichnis **(Schuldnerverzeichnisabdruckverordnung – SchuVAbdrV)** vom 26. Juli 2012
102 b. Verordnung über das Vermögensverzeichnis **(Vermögensverzeichnisverordnung – VermVV)** vom 26. Juli 2012
105. Gesetz über Unterlassungsklagen bei Verbraucherrechts- und anderen Verstößen **(Unterlassungsklagengesetz – UKlaG)** idF der Bek. vom 27. August 2002
106. **Mediationsgesetz (MediationsG)** vom 21. Juli 2012
108. **Gesetz über die Zwangsversteigerung und die Zwangsverwaltung** vom 24. März 1897
110. **Insolvenzordnung (InsO)** vom 5. Oktober 1994
110 a. **Einführungsgesetz zur Insolvenzordnung (EGInsO)** vom 5. Oktober 1994 (Auszug)

110 d. Gesetz zur vorübergehenden Aussetzung der Insolvenzantragspflicht und zur Begrenzung der Organhaftung bei einer durch die COVID-19-Pandemie bedingten Insolvenz **(COVID-19-Insolvenzaussetzungsgesetz – COVInsAG)** vom 27. März 2020

111. Gesetz über die Anfechtung von Rechtshandlungen eines Schuldners außerhalb des Insolvenzverfahrens **(Anfechtungsgesetz – AnfG)** vom 5. Oktober 1994

112. **Gesetz über das Verfahren in Familiensachen und in den Angelegenheiten der freiwilligen Gerichtsbarkeit (FamFG)** vom 17. Dezember 2008

112 a. Gesetz zur Reform des Verfahrens in Familiensachen und in den Angelegenheiten der freiwilligen Gerichtsbarkeit **(FGG-Reformgesetz – FGG-RG)** vom 17. Dezember 2008 (Auszug)

114. **Grundbuchordnung** vom 24. März 1897

Kostenrecht

115. **Gerichtskostengesetz (GKG)** vom 5. Mai 2004

116. Gesetz über die Vergütung von Sachverständigen, Dolmetscherinnen, Dolmetschern, Übersetzerinnen und Übersetzern sowie die Entschädigung von ehrenamtlichen Richterinnen, ehrenamtlichen Richtern, Zeuginnen, Zeugen und Dritten **(Justizvergütungs- und -entschädigungsgesetz – JVEG)** vom 5. Mai 2004

117. Gesetz über die Vergütung der Rechtsanwältinnen und Rechtanwälte **(Rechtsanwaltsvergütungsgesetz – RVG)** vom 5. Mai 2004

118. **Gesetz über Gerichtskosten in Familiensachen (FamGKG)** vom 17. Dezember 2008

119. Gesetz über die Kosten der freiwilligen Gerichtsbarkeit für Gerichte und Notare **(Gerichts- und Notarkostengesetz – GNotKG)** vom 23. Juli 2013

120. Gesetz über Kosten in Angelegenheiten der Justizverwaltung **(Justizverwaltungskostengesetz – JVKostG)** vom 23. Juli 2013

122. **Justizbeitreibungsordnung** idF der Bek. vom 27. Juni 2017

123. **Gesetz über Kosten der Gerichtsvollzieher** vom 19. April 2001

Anhang Gebührentabelle

Anhang Registerzeichen

Sachverzeichnis

Pflichtversicherungsgesetz, Gesetz über die Pflichtversicherung für Kraftfahrzeughalter (Auszug) **63**
VO über den Versicherungsschutz in der Kraftfahrzeug-Haftpflichtversicherung (Kraftfahrzeug-PflichtversicherungsVO) .... **63 a**
Photographie, Gesetz betreffend das Urheberrecht an Werken der bildenden Künste und der Photographie **67**
Produkthaftungsgesetz, Gesetz über die Haftung für fehlerhafte Produkte **27**
Publizitätsgesetz, Gesetz über die Rechnungslegung von bestimmten Unternehmen und Konzernen .... **52 b**

Rechtsanwälte, Vergütung **117**
Rechtsbeistände, Gebühren und Auslagen **124**
Rechtspflegergesetz **96**
Richter, Entschädigung der ehrenamtlichen Richter **116**
Rom I, Verordnung (EG) Nr. 593/2008 .... **21 a**
Rom II, Verordnung (EG) Nr. 864/2007 .... **21 b**
Rom III, Verordnung (EG) Nr. 1259/2010 .... **21 c**

Sachverständige, Entschädigung **116**
Schuldnerverzeichnisführungsverordnung **102**
Schuldnerverzeichnisabdruckverordnung **102**
Strafgesetzbuch **85**
Einführungsgesetz zum Strafgesetzbuch .... **85 a**
Strafprozeßordnung **90**
Einführungsgesetz zur Strafprozeßordnung .... **90 a**
Straßenverkehr, Gesetz über die Pflichtversicherung für Kraftfahrzeughalter **63**
Straßenverkehrsgesetz **35**
Straßenverkehrs-Ordnung .... **35 a**

Übersetzer, Entschädigung **116**
Umwandlungsgesetz .... **52 a**
Umwelthaftungsgesetz **28**
Unlauterer Wettbewerb, Gesetz gegen den unlauteren Wettbewerb **73**
Unterlassungsklagengesetz **105**
Urheberrecht, Gesetz über Urheberrecht und verwandte Schutzrechte (Urheberrechtsgesetz) **65**
Gesetz betreffend das Urheberrecht an Werken der bildenden Künste und der Photographie **67**
Gesetz betreffend das Urheberrecht an Mustern und Modellen (Geschmacksmustergesetz) **69**

Vermögensverzeichnisverordnung .... 102 b
Versicherungsvertragsgesetz, Gesetz über den Versicherungsvertrag 62
Einführungsgesetz zum Versicherungsvertragsgesetz .... 62 a
Pflichtversicherungsgesetz 63
Versorgungsausgleich, Gesetz über den Versorgungsausgleich 48

Wettbewerbsbeschränkungen, Gesetz gegen Wettbewerbsbeschränkungen 74
Wirtschaftsstrafgesetz 1954, Gesetz zur weiteren Vereinfachung des Wirtschaftsstrafrechts 88
Wohnungseigentumsgesetz, Gesetz über das Wohnungseigentum und das Dauerwohnrecht 37

Zentralregister, Gesetz über das Zentralregister und das Erziehungsregister 92
Zeugen, Entschädigung 116
Zivilprozessordnung 100
Einführungsgesetz zur Zivilprozeßordnung 101
Zwangsversteigerungsgesetz, Gesetz über die Zwangsversteigerung und die Zwangsverwaltung 108

Inhaltsverzeichnis II

(Alphabetisch geordnet)

Aktiengesetz ... **51**
Einführungsgesetz zum Aktiengesetz ... **51 a**
Allgemeines Gleichbehandlungsgesetz ... **34**
Anfechtungsgesetz, Gesetz über die Anfechtung von Rechtshandlungen eines Schuldners außerhalb des Insolvenzverfahrens ... **111**
Arbeitsgerichtsgesetz ... **83**

Beurkundungsgesetz ... **23**
Bildende Künste, Gesetz betreffend das Urheberrecht an Werken der bildenden Künste und der Photographie ... **67**
Bundeszentralregistergesetz, Gesetz über das Zentralregister und das Erziehungsregister ... **92**
Bürgerliches Gesetzbuch ... **20**
Einführungsgesetz zum Bürgerlichen Gesetzbuche ... **21**

COVID-19, Insolvenzaussetzungsgesetz ... **110 d**
Maßnahmen im Gesellschafts-, Genossenschafts-, Vereins-, Sitzungs- und Wohnungseigentumsrecht ... **52 d**

Dolmetscher, Entschädigung ... **116**

Ehrenamtliche Richter, Entschädigung ... **116**
Einführungsgesetz zum Aktiengesetz ... **51 a**
zum Bürgerlichen Gesetzbuche ... **21**
zum Gerichtsverfassungsgesetz ... **95 a**
zum GmbH-Gesetz ... **52/1**
zum Handelsgesetzbuch ... **50 a**
zum Scheckgesetz ... **57**
zum Strafgesetzbuch ... **85 a**
zur Strafprozeßordnung ... **90 a**
zu dem Gesetz über den Versicherungsvertrag ... **62 a**
zum Wechselgesetz ... **55**
zur Zivilprozeßordnung ... **101**
Entschädigung, Justizvergütungs- und -entschädigungsgesetz ... **116**
Erbbaurechtsgesetz ... **41**
Erziehungsregister, Gesetz über das Zentralregister und das Erziehungsregister ... **92**

Familiensachen, Verfahren ... **112**
Gerichtskosten ... **118**
Freiwillige Gerichtsbarkeit, Gesetz über das Verfahren ... **112**
FGG-Reformgesetz (Auszug) ... **112 a**

Gebühren für ehrenamtliche Richter **116**
für Gerichtsvollzieher **123**
für Rechtsanwälte **117**
für Zeugen und Sachverständige **116**
Tabelle .... **Anh.**
Genossenschaftsgesetz, Gesetz betreffend die Erwerbs- und Wirtschaftsgenossenschaften **53**
Gerichtskostengesetz **115**
Gerichtskosten, Familiensachen **118**
Gerichts- und Notarkostengesetz **119**
Gerichtsverfassungsgesetz **95**
Einführungsgesetz zum Gerichtsverfassungsgesetz .... **95 a**
Gerichtsvollzieher, Gesetz über Kosten der Gerichtsvollzieher **123**
Gleichbehandlungsgesetz, Allgemeines **34**
GmbH-Gesetz, Gesetz betreffend die Gesellschaften mit beschränkter Haftung **52**
Einführungsgesetz zum GmbH-Gesetz **52/1**
Grundbuchordnung **114**

Haftpflichtgesetz **33**
Handelsgesetzbuch (ohne Seehandel) **50**
Einführungsgesetz zum Handelsgesetzbuch .... **50 a**

Insolvenzordnung **110**
Einführungsgesetz zur Insolvenzordnung (Auszug) .... **110 a**

Jugendgerichtsgesetz **89**
Justizbeitreibungsordnung **122**
Justizvergütungs- und -entschädigungsgesetz **116**
Justizverwaltungskostengesetz **120**

Kartellgesetz, Gesetz gegen Wettbewerbsbeschränkungen **74**
Kraftfahrzeug-Pflichtversicherungsverordnung, VO über den Versicherungsschutz in der Kraftfahrzeug-Haftpflichtversicherung .... **63 a**
Kündigungsschutzgesetz **84**
Kunst, Gesetz betreffend das Urheberrecht an Werken der bildenden Künste und der Photographie **67**
Markengesetz, Gesetz über den Schutz von Marken und sonstigen Kennzeichen **72**
Mediationsgesetz **106**

Ordnungswidrigkeiten, Gesetz über Ordnungswidrigkeiten **94**

Partnerschaftsgesellschaftsgesetz, Gesetz über Partnerschaftsgesellschaften Angehöriger Freier Berufe .... **50 b**

Abkürzungen

aaO	am angegebenen Ort
ABl.	Amtsblatt
Abs.	Absatz
AGG	Allgemeines Gleichbehandlungsgesetz
AHKABl.	Amtsblatt der Alliierten Hohen Kommission in Deutschland
AktG	Aktiengesetz
AllMBl.	Allgemeines Ministerialblatt
AmABl.	Amtsblatt der Militärregierung Deutschland, Amerikanische Zone
Amtl. Anz.	Amtlicher Anzeiger
Amtsbl.	Amtsblatt
AMVO	Altbaumietenverordnung
AnfG	Gesetz über die Anfechtung von Rechtshandlungen eines Schuldners außerhalb des Insolvenzverfahrens
angef.	angefügt
Anm.	Anmerkung
AO	Anordnung
AP	Arbeitsrechtliche Praxis, Nachschlagewerk des Bundesarbeitsgerichts
ArbGG	Arbeitsgerichtsgesetz
Art.	Artikel
aufgeh.	aufgehoben
AV	Allgemeine Verfügung
AVO	Ausführungsverordnung
AZ	frühere Amerikanische Zone
BAnz.	Bundesanzeiger
BayBS	Bereinigte Sammlung des bayerischen Landesrechts 1802 bis 1956
BayBSVJu	Bereinigte Sammlung der bayerischen Justizverwaltungsvorschriften 1863 bis 30. 6. 1957
BayRS	Bayerische Rechtssammlung
Bek.	Bekanntmachung
ber.	berichtigt
Beschl.	Beschluß
BGB	Bürgerliches Gesetzbuch
BGB-InfoV	*BGB-Informationspflichten-Verordnung*
BGBl. I bzw. II	Bundesgesetzblatt Teil I bzw. II (ab 1951)
BGBl. III	Bereinigte Sammlung des Bundesrechts, abgeschlossen am 31. 12. 1968 (in Nachweisform fortgeführt durch FNA)
BGH	Bundesgerichtshof
BGHZ	Entscheidungen des Bundesgerichtshofes in Zivilsachen
bish.	bisherige
BMJV	Bundesministerium der Justiz und für Verbraucherschutz

Abkürzungen

BRAGO	Bundesgebührenordnung für Rechtsanwälte
BritABl.	Amtsblatt der Militärregierung Deutschland, Britisches Kontrollgebiet
BVerfG	Bundesverfassungsgericht
BZ	frühere Britische Zone
BZRG	Bundeszentralregistergesetz
DJ	Deutsche Justiz
DVO	Durchführungsverordnung
EG	Europäische Gemeinschaften; Einführungsgesetz (iVm anderen Gesetzesabkürzungen)
EGAktG	Einführungsgesetz zum Aktiengesetz
EGBGB	Einführungsgesetz zum Bürgerlichen Gesetzbuche
EGGVG	Einführungsgesetz zum Gerichtsverfassungsgesetz
EGHGB	Einführungsgesetz zum Handelsgesetzbuche
EGInsO	Einführungsgesetz zur Insolvenzordnung
EGStPO	Einführungsgesetz zur Strafprozeßordnung
EGVVG	Einführungsgesetz zu dem Gesetz über den Versicherungsvertrag
EGZPO	Einführungsgesetz zur Zivilprozeßordnung
eingef.	eingefügt
Entsch.	Entscheidung
ErbbauRG	Gesetz über das Erbbaurecht
Erl.	Erlaß
EUR	Euro
EVertr.	Einigungsvertrag
EWGV	EWG-Vertrag
FamFG	Gesetz über das Verfahren in Familiensachen und in den Angelegenheiten der freiwilligen Gerichtsbarkeit
FamGKG	Gesetz über Gerichtskosten in Familiensachen
FamRÄndG	Familienrechtsänderungsgesetz
ff.	folgende
FGG-RG	Gesetz zur Reform des Verfahrens in Familiensachen und in den Angelegenheiten der freiwilligen Gerichtsbarkeit
FNA	Bundesgesetzblatt Teil I, Fundstellennachweis A (Bundesrecht ohne völkerrechtliche Vereinbarungen)
FZ	frühere Französische Zone
G	Gesetz
GBl.	Gesetzblatt
GBO	Grundbuchordnung
geänd.	geändert
GenG	Genossenschaftsgesetz
GG	Grundgesetz für die Bundesrepublik Deutschland
GKG	Gerichtskostengesetz
GmbHG	Gesetz betreffend die Gesellschaften mit beschränkter Haftung